LE PROGRAMME

DE L'ÉCOLE LIBÉRALE DE 1830

LE PROGRAMME

DE

L'ÉCOLE LIBÉRALE DE 1830

PAR

M. ÉDOUARD BOINVILLIERS

MAITRE DES REQUÊTES AU CONSEIL D'ÉTAT

EXTRAIT DE LA REVUE CONTEMPORAINE

(Livraison du 15 avril 1864).

PARIS

IMPRIMERIE DE DUBUISSON ET C°

Rue Coq-Héron, 5

—

1864

LE PROGRAMME

DE

L'ÉCOLE LIBÉRALE DE 1830

I

Qui se chargera de déchiffrer cette énigme qui a nom *liberté ?* Qui définira ce mot aussi fécond en espérances qu'en déceptions ? Acclamé tour à tour par les partis politiques les plus hostiles, il semble que ce ne soit plus aujourd'hui qu'un drapeau banal, recélant dans ses plis complaisants des promesses pour toutes les causes ! C'est au nom de la liberté que nos pères renversèrent violemment la monarchie séculaire des Bourbons ; c'est en son nom que le premier Consul, et bientôt l'Empereur, réagit contre les sanglants désordres de la République, contre les exigences despotiques des bas-fonds de la société ! les vaincus de 1815 voilèrent la statue de la liberté, tandis que les vainqueurs la promenaient en triomphe ; à en croire les mécontents, toutes les conquêtes de la Révolution étaient mises en péril, tandis qu'en prêtant l'oreille aux satisfaits, on se prenait à espérer qu'on allait connaître enfin la vraie liberté. Lequel des deux partis avait raison ? on le verra tout à l'heure ; mais il est certain que, quinze ans après cette époque mémorable, on parut n'avoir plus aucun goût pour cette vraie liberté et qu'on en inventa une autre qui, promenée de barricades en barricades pendant les journées de Juillet, enfanta un nouveau régime politique. Que d'espérances, que de joie, que d'acclamations saluèrent ce nouveau-né ! Nos contemporains se les rappellent encore ; enfin, la Charte allait devenir une vérité ; on avait trouvé un roi citoyen, peut-être imprudemment qualifié par le général La Fayette de la meilleure des républiques ; l'ivresse ne fut pas de longue durée : on se battit pendant cinq ou six ans dans les rues de Paris, et pendant dix autres, la France affecta de paraître plus résignée qu'enthousiaste ; puis un beau jour l'ennui la prit, et entre deux bâillements elle accorda, au personnel républicain, la faveur d'une de ces représentations tragico-comiques dont ce parti politique paraît avoir conservé le secret; pour cette fois, la liberté allait tenir ses promesses et captiver dès son début les esprits les plus difficiles. On sait ce qui arriva; l'élément comique disparut peu à peu, le tragique gagna du terrain, et l'on ne fut plus libre qu'à la condition d'avoir constamment un fusil sur l'épaule, tout comme chez les sauvages d'Amérique. Alors notre brave pays, si mobile, si changeant, si capricieux, disent les mauvaises langues, se jeta dans les bras d'un neveu du grand Empereur; qu'allait-il advenir de la liberté? On s'en inquiéta peu dans le premier moment; ne fallait-il pas d'abord s'assurer le pouvoir de vivre? on aviserait plus tard au moyen de vivre à l'aise.

En vérité, voilà bien des manières d'entendre la liberté, et il faut convenir que nous sommes fort excusables, en l'an de grâce 1864, de ne pas nourrir à ce sujet des pensées arrêtées, des résolutions immuables, qui ne naissent que des convictions fermes. Où voulez-vous que se prennent l'esprit et le sentiment de nos enfants quand on leur enseigne l'histoire de leur pays? Le professeur, tout comme l'élève, a bien envie d'être et de paraître libéral; mais Louis XVI fut un roi libéral, mais Mirabeau combattit pour la liberté, mais Vergniaud, mais Mme Roland moururent pour elle; mais Danton, mais Saint-Just, mais Robespierre l'invoquèrent à leurs derniers moments; Napoléon, à son tour, ne fut-il pas considéré, par l'Europe entière, comme le champion le plus redoutable des libertés nouvelles, comme le propagateur infatigable de l'idée révolutionnaire? Sans doute, mais Lainé, Royer-Collard, Guizot, La Fayette, qui contribuèrent ou applaudirent à la chute du grand homme, ne se dirent-ils pas, ne se firent-ils pas reconnaître pour libéraux; mais Foy, Thiers, Manuel, P.-L. Courier, Laffitte, l'étaient aussi, bien que d'une manière différente; mais les républicains prétendent plus que jamais à ce titre si recherché.

Comment nous tirer maintenant de cette confusion? Et puisque nous nous proposons de mettre en lumière les vœux et les aspirations de l'école libérale de 1830, où trouver un guide capable de nous diriger à travers cette profusion de libertés? Comment nous assurer que, dans un espace de vingt ans, où tant d'hommes et tant de théories diverses se sont produits à l'ombre du même drapeau, nous resterons toujours sur le terrain que nous avons choisi? C'est ce qui nous reste à indiquer.

Quelle que soit l'extrême variété des programmes libéraux, on distinguera toujours deux sortes de libertés : la *directe* et l'*indirecte*. J'appelle *directe* celle dont les effets bienfaisants se font matérielle-

ment sentir aussitôt qu'elle est accordée, et indirecte celle qui fait
espérer seulement ces mêmes bienfaits. Ainsi le gouvernement accorde aux citoyens le droit de faire toute espèce de commerce, il brise
légalement les entraves qui empêchaient le premier venu de se livrer
à telle ou telle industrie, par exemple de vendre du pain ou de la
viande ; c'est une liberté directe, dont on profite immédiatement. Au
contraire, il consent une modification libérale en faveur de la presse :
ce sera peut-être un moyen, par la pression qu'on exercera sur lui,
de le forcer à donner beaucoup de libertés, mais c'est un moyen in-
direct, qui peut être bon ou mauvais, selon le temps et les hommes.
Le gouvernement fait un traité de commerce avec un peuple voisin,
il abaisse considérablement les tarifs de douanes ; c'est une liberté
directe, car le consommateur pourra se procurer, où il lui plaira de
le faire, des marchandises à meilleur compte ; tandis qu'en accordant au Corps législatif une plus grande part dans la direction des
affaires du pays, on peut arriver indirectement au même but, on peut
aussi ne pas y arriver du tout ; c'est assurément une satisfaction
pour l'esprit libéral des Français que de voir se dénouer, dans le
sens de la justice et des nationalités, les problèmes si ardus qui
agitent aujourd'hui l'Europe ; quand l'Italie a été délivrée de la do-
mination autrichienne, on a satisfait directement et réellement cette
tendance des esprits ; on ne lui eût donné qu'une satisfaction fort indirecte en accordant à tous les citoyens le droit de se réunir en tel
nombre qu'il leur serait agréable pour discourir sur la question de
paix ou de guerre.

C'est à l'infini que l'on pourrait multiplier les exemples, mais j'espère que le lecteur m'aura compris, et je me hâte de rechercher
qu'elle fut l'attitude du gouvernement de Juillet devant ces deux
manières d'être libéral.

II

Parlons d'abord de la liberté indirecte, plus connue sous le nom de
liberté politique. Pendant dix-huit ans, la France jouit de cette espèce
de liberté, et, il faut bien reconnaître, quelque regret qu'on en puisse
concevoir, que notre pays n'en retira pas de grands avantages mo-
raux. On se rappelle sans doute les craintes souvent manifestées à la
tribune, et en beaucoup d'autres endroits, au sujet de l'affaiblisse-
ment de notre vie politique depuis l'avènement du nouvel Empire : on
n'a pas oublié ces longues séances où s'est agitée la vérification des
pouvoirs ; que de reproches contre l'attitude de l'administration, contre son ingérence dans les élections, contre les procédés arbitraires,

contre son pouvoir même, dont on l'accusait de faire un mauvais usage !

Mais ces récriminations n'approchent en rien de celles que les plus ardents partisans du Parlement adressaient à ce régime à une époque (1847) où il avait porté tous ses fruits, où il avait donné sa mesure complète ; écoutons M. Thiers lui-même parlant sur la proposition de son honorable ami M. Duvergier de Hauranne : « Les conditions de la vie électorale, disait-il, sont-elles fixées aujourd'hui de la meilleure manière possible ? On en peut douter au spectacle dont nous sommes témoins. Je n'emploierai pas ici le mot de corruption, je n'emploierai que les termes qui peuvent mettre d'accord tous les hommes de bonne foi. Eh bien ! tout le monde n'aperçoit-il pas que, depuis un certain nombre d'années, l'esprit politique s'est affaibli, qu'il a fait place à une passion d'intérêts matériels désordonnés? Tout le monde ne s'aperçoit-il pas que l'on ne s'occupe qu'avec distraction, qu'avec tiédeur, de ce qui concerne les grands intérêts du pays et avec une chaleur inouïe de ce qui concerne les intérêts de telle province ou de tel département? Que les électeurs ne considèrent plus les opinions des candidats, mais leur situation, leur influence, leurs moyens d'être utiles à ceux qui les nomment? Il me semble que la question ainsi posée ne sera résolue que d'une seule manière et que tout le monde répondra : Oui, l'esprit public s'est affaibli en France. »

Il serait donc vrai que, sous le régime censitaire, l'esprit public s'était affaissé, que le mal était arrivé à un point où le remède devenait urgent, et qu'enfin le cens électoral n'avait pas réussi comme on l'avait souhaité. C'est une vérité que l'auteur même de la proposition s'est chargé de mettre dans tout son jour ; il l'a fait dans un livre médité à loisir et où par conséquent on ne doit pas craindre de trouver de ces exagérations comme il en échappe involontairement à l'orateur qui improvise à la tribune. C'est un publiciste qui écrit ; recueillons les graves réflexions qui, dès le début, se pressent sous sa plume :

Le gouvernement représentatif est en péril, ce n'est point, comme en 1830, la violence qui le menace, c'est la corruption qui le mine. Depuis soixante ans, la France n'a cessé d'être agitée par des passions diverses et successivement dominantes; sous nos premières assemblées, c'était le désir énergique de faire passer dans les institutions, dans le gouvernement, les grandes idées de justice, de liberté, d'égalité dont la société était imbue; du temps de l'Empire, c'était l'amour de la gloire et de la grandeur nationale ; sous la Restauration, c'était la haine de l'ancien régime et un dévouement réfléchi à la cause libérale, à la cause des institutions représentatives ; aujourd'hui, c'est la soif ardente de la richesse et du bien-être. A la tribune et dans la presse, on s'impose encore quelques ménagements et l'on garde certaine réserve ; mais ailleurs toute hypocrisie cesse, tout voile tombe, et c'est le front levé, au grand jour, que l'intérêt personnel marche escorté de ses apôtres et de ses prédicateurs ; il faut voir alors avec quel sublime dédain il traite ceux qui sont assez niais pour conserver le souvenir de la Révolution, de l'Empire, de la Restauration même, et pour croire que les opinions sont encore quelque chose ! il faut voir avec quelle foi ardente il proclame que l'homme sensé, l'homme sage, doit faire ses affaires plutôt que celles de l'État, et qu'on est père de famille avant que d'être citoyen ! il faut voir avec quel saint enthousiasme il déclare que le temps de la gloire militaire est passé comme celui des idées libérales, et que notre siècle a pour mission unique de s'enrichir et de se repaître !....

Qui oserait dire qu'il n'y a pas d'utiles réformes à faire, des réformes dont tout le monde, il y a seize ans, reconnaissait la nécessité ? Ce ne sont pas les questions qui manquent aux hommes, ce sont les hommes qui manquent aux questions. — Il faut pourtant le reconnaître, il en est quelques-unes qui conservent le privilége d'enflammer les esprits, de remuer les âmes, de faire battre les cœurs, ce sont celles qui, par quelque côté, touchent aux intérêts et atteignent les fortunes ; ainsi le gouvernement peut, sans danger, presque sans résistance, fausser les situations, violer les lois, annuler les libertés publiques ; mais qu'il se garde, s'il tient à vivre, de porter une main audacieuse sur un tarif protecteur ou sur une ligne de fer. Pour prévenir de telles calamités, pour punir de tels attentats, il n'est point de résolution assez prompte, de mesures assez énergiques, et c'est alors qu'aux yeux des plus ardents conservateurs l'insurrection est bien près de devenir le plus saint des devoirs. Qui ne se souvient des injonctions menaçantes dont le trône se vit assailli quand la France courut le danger d'une union plus intime avec la Belgique, son ancienne province ? Qui ne se rappelle les tempêtes que le sésame déchaîna sur les bancs les plus pacifiques de la Chambre, et l'aspect agité, tumultueux, presque révolutionnaire de la salle des Pas-Perdus, le jour où se livrait la grande bataille du sucre de betterave et du sucre des colonies ? Qui peut avoir oublié enfin l'enthousiasme patriotique que l'embranchement de Fampoux fit éclater dans les tribunes ? Ce sont là les triomphes et les défaites, les joies et les douleurs du temps actuel ; ce sont les grandes causes qui ont remplacé celles pour lesquelles nos pères versaient naguère leur sang sur l'échafaud et sur les champs de bataille !

Que le remède ne fût pas suffisant pour parer aux inconvénients signalés avec tant de justesse par l'opposition, je suis fort disposé à le croire ; il fallait aller plus loin pour trouver un terrain solide ; mais comme il est intéressant de feuilleter le *Moniteur* quand on entend sans cesse vanter autour de soi les mérites particuliers du cens électoral ; quand on a la tête rompue de cet éternel argument, que les masses sont inintelligentes, et que ce n'est pas être élu que de l'être par une réunion de maçons, de cordonniers et de balayeurs de rues ! Le propos, d'ailleurs, n'a rien de bien nouveau ; dès 1614, à l'assemblée des Etats, la noblesse, indignée contre le tiers, disait tout haut : « Nous ne voulons pas que des fils de cordonniers et de savetiers nous appellent frères ; il y a de nous à eux autant de différence qu'entre le maître et le valet. » Faut-il rappeler encore que cette même noblesse, en 1792, à la veille de la grande lutte de l'Europe contre la France, espérait bientôt venir à bout « de ce *ramassis de paysans et de savetiers ?* » On n'est pas loin de reconnaître aujourd'hui, et d'une manière générale, que la noblesse avait tort de tenir un pareil langage contre la bourgeoisie ; celle-ci, à son tour, ne ferait-elle pas bien d'user de la même réserve vis-à-vis du peuple ? Au surplus, ce ne sont pas là nos affaires : que, dans sa conscience éclairée, elle agisse comme il lui paraîtra le plus conforme à ses véritables intérêts, à elle seule la responsabilité de ses actes ; mais comme il est toujours charitable d'avertir ses adversaires quand ils s'obstinent à fermer les yeux sur les défauts du régime qui a leur prédilection, ils nous permettront de leur rappeler ce qu'en pensait à cette époque (25 mars 1847) l'honorable M. O. Barrot :

Le mal, messieurs, disait-il, je ne veux pour l'attester qu'un fait qui n'est pas contredit dans cette enceinte : pour tous les agents d'élection, les préfets, les sous-préfets, les agents officiels et officieux, dans toutes les situations, quel est le mot d'ordre ? il est invariablement le même : partout, ce mot d'ordre, le voici : il faut nommer un député qui soit utile à l'arrondissement. Est-il vrai que ce soit là le thème universel de tous les agents électoraux dans toute l'étendue de la France ? Qu'est-ce que cela veut dire ? Mon Dieu, vous êtes en face d'un pouvoir qui touche à toutes les existences, qui a les mains pleines de moyens de vous être utile, qui est en possession de la centralisation la plus puissante du monde ; vous, vous êtes pauvre, vous avez besoin du pouvoir pour élever vos enfants ; vous, vous êtes riche, vous avez besoin du pouvoir par cela même que vous êtes riche ; vous n'êtes ni riche ni pauvre, mais vous avez rendu d'anciens services, il vous faut une décoration parce que vos voisins en ont une. Ainsi, les sentiments même les plus honorables du père de famille, le sentiment de la vanité, la richesse, la pauvreté, tout est exploité au nom de l'intérêt ; et aussi quelle est la conséquence ?

Elle se produit dans un fait statistique qui n'est pas contesté, que certains conservateurs très consciencieux ne voient pas sans une espèce d'inquiétude : c'est qu'il est naturel, quand on ne s'occupe que d'avoir un délégué auprès du pouvoir pour en recevoir le plus de satisfaction, aux intérêts locaux et personnels, il est parfaitement naturel d'envoyer au pouvoir ses propres agents, ceux qui ont déjà la preuve qu'ils sont en pleine possession de la confiance et de la faveur du pouvoir ; et, sous l'influence de ce sentiment, le nombre des fonctionnaires dans cette Chambre doit aller, par la force des choses, en progression toujours croissante..... Messieurs, il est un autre fait peut-être plus instructif encore, c'est le fait du débat de Quimperlé....

Mais, soyez-en convaincus, cette cause s'instruit plus encore par les faits, et il n'y a pas de discours, quelque éloquent qu'il puisse être, qui le soit autant que l'instruction renfermée dans ce débat : ce n'est pas un fait accidentel, il a été expliqué par les débats, c'est la conséquence d'une longue série de faits antécédents. Ce n'est pas *ex abrupto* que la corruption est arrivée à ce degré de cynisme qui nous a tous indignés ; non, il y a à tout un commencement, et la corruption par les places a provoqué la corruption par l'argent.... Elles étaient filles du même principe, et un jour elles se sont trouvées en face l'une de l'autre, et elles se sont livré ce combat ignoble qui vous inspire un tel dégoût.

Voilà de bien gros mots et qui sentent l'exagération habituelle de l'opposition ; mais, toute part faite aux entraînements de l'éloquence, ne reste-t-il pas, sous ces paroles passionnées, assez de vérité pour étonner non-seulement les jeunes partisans du régime parlementaire, fort excusables, après tout, de ne pas connaître des faits accomplis avant qu'ils fussent en état de les apprécier, mais aussi les partisans plus âgés de ce régime, qui ont assurément oublié ce qu'ils disaient alors à la tribune, ce qu'ils écrivaient dans leurs livres.

Quelques mois après l'avortement de la proposition Duvergier de Hauranne, l'honorable M. de Rémusat tentait un nouvel effort auprès de cette Chambre, de cette majorité que l'on qualifiait si durement, parce qu'elle ne consentait pas à sacrifier ses plus indispensables prérogatives. On lui répétait chaque jour qu'une politique impartiale ne pouvait s'accommoder de la présence dans la Chambre d'un nombre aussi formidable de fonctionnaires publics ; que les résolutions de la majorité devaient, aux yeux du pays, s'en trouver singulièrement amoindries ; elle ne pensait pas le contraire, bien que, par moments, elle essayât de le faire croire ; mais elle sentait instinctivement, sans oser le dire, que le salut était dans ce *statu quo*, que cet appoint était nécessaire, non-seulement au ministère Guizot, mais à tout ministère, et que l'opposition elle-même eût été fort embarrassée de gouverner le pays par la Chambre, sans cet indispensable élément.

Il faut pourtant reconnaître que l'opposition s'appuyait sur de bonnes raisons pour réclamer cette réforme parlementaire, à la fois si nécessaire et si impossible. En 1827, disait M. de Rémusat, il y avait un grand nombre de fonctionnaires à la Chambre, on demanda un remède à ce mal, et l'on proposa la réélection. On comptait alors 134 fonctionnaires sur 430 députés : aujourd'hui, sur 459 députés, la Chambre en compte de 190 à 200 ; le mal est donc devenu plus grand qu'en 1827, époque à laquelle tout le monde comprenait la nécessité d'un prompt remède à un mal devenu intolérable. Mais ce n'était pas là le seul inconvénient de l'état de choses d'alors. On lui reprochait de fausser la majorité de la Chambre. D'autres orateurs lui imputaient, avec tout autant de raison, de désorganiser la haute administration.

Un des membres que la Chambre tout entière regrette (disait M. Saint-Marc Girardin) soutint très vivement la proposition qu'il avait faite, et parmi les motifs qu'il donnait pour soutenir cette proposition, se trouvait surtout la nécessité d'empêcher l'envahissement des fonctions publiques par les députés. Je me souviens encore de la vive et sincère éloquence avec laquelle il représentait les inconvénients de ces intrusions soudaines. Je me souviens comme il peignait le découragement répandu par là dans les rangs de l'administration; lorsqu'il y avait une place importante, un de ces bâtons de maréchal qui appartient aussi aux fonctionnaires publics, il y avait à l'instant même un élu parlementaire qui venait prendre le bâton de maréchal dans la giberne du fonctionnaire public. Messieurs, cette admission des députés en trop grand nombre peut-être dans les fonctions publiques, est-elle avantageuse pour l'administration? Assurément, il est bien loin de ma pensée que l'admission d'hommes pleins de capacités et de talents ne puisse pas apporter à l'administration une force utile, mais je crois qu'il n'y a personne, si capable qu'il soit, qui puisse se dispenser de ces traditions et de ces habitudes qui sont nécessaires partout, mais qui sont nécessaires surtout dans les fonctions publiques. Or, qu'arrive-t-il? Il arrive que les fonctionnaires inférieurs sont forcés, qu'on me passe le mot, de faire l'éducation de leur chef; ainsi, c'est précisément le fonctionnaire qui se trouve déshérité du légitime avancement auquel il avait droit, qui se trouve forcé d'apprendre les traditions de l'administration à celui qui arrive pour lui commander; il y a là un renversement naturel de l'ordre des choses; il est regrettable que la capacité ne soit pas toujours égale au droit de commander; il est regrettable que celui qui commande soit forcé de prendre la consigne de celui qui obéit.
Il y a encore d'autres inconvénients qui frappent ceux qui connaissent l'administration; ce sont deux excellentes qualités que l'indépendance dans le député et l'esprit de subordination chez l'administrateur; or, il arrive que ces deux excellentes qualités se trouvent singulièrement perverties par leur déplacement; ces deux qualités se trouvent transplantées, et la transformation ne leur réussit pas. Voici, en effet, comment les choses se passent; l'administrateur est souvent tenté, dans le cabinet du ministre, de s'appuyer sur l'indépendance du député, et en même temps, dans la Chambre des députés, il est souvent tenté de se souvenir de l'esprit de subordination du fonctionnaire qui appartient à l'administrateur.

Voilà, assurément, d'excellentes raisons, militant, de la manière la plus forte, en faveur de la réforme parlementaire; elles sont aussi satisfaisantes que celles qu'on donnait pour faire passer la réforme électorale. Mais, nous venons de le dire, ces deux réformes avaient contre elles un motif d'exclusion absolu : c'était l'impossibilité où croyait être la majorité de gouverner le pays avec une Chambre réformée. Quand on se reporte vers ce passé déjà loin de nos souvenirs, on éprouve je ne sais quel désir de venger enfin cette majorité de la Chambre, si fort décriée à l'époque où elle avait le pouvoir en main. Elle était, dit-on, hostile à toute pensée de réforme ; elle rejetait avec dédain toutes les nouveautés, qu'elle qualifiait d'inspirations de brouillons et de révolutionnaires ; elle était attachée outre mesure à ce ministère Guizot-Duchatel, en qui se personnifiait la paix en Europe, à ce ministère qui avait grand'peine à se défendre contre le *petit Napoléon*, comme nos voisins et amis les Anglais appelaient alors un de nos célèbres hommes d'Etat. Oui, tout cela est vrai ! Il n'est pas moins certain que si les conservateurs d'alors eussent tenu une autre conduite, ils étaient perdus, perdus sans ressource. Que la majorité cédât un instant, et il lui fallait accepter la réforme de M. Duvergier de Hauranne, celle de M. de Rémusat, de profondes modifications au tarif des douanes et la politique extérieure de ce redoutable guerrier, de cet héritier du génie militaire de Napoléon, qu'on n'appelle plus que M. Thiers. Ne sait-on pas aujourd'hui que l'abaissement du cens électoral, que l'adjonction des capacités auraient trahi, à très bref délai, les espérances vraies ou fausses que l'on mettait dans ces deux réformes ? C'était, dans un espace de temps très rapproché, le renversement de l'élément conservateur dans le corps électoral tout entier. On se plaignait de la corruption dans les termes que vous savez. N'était-il pas certain qu'on aurait eu lieu de la déplorer plus vivement encore avec des électeurs à moitié prix ? Et qu'eussent fait, grands dieux ! pour la forte assiette d'une politique conservatrice, pour son esprit de suite, sa bonne tenue, cette nuée d'avocats sans causes, de médecins sans malades, d'écrivains sans éditeurs et de savants sans emploi, qui eussent envahi l'arène électorale ? Etait-il plus raisonnable d'abandonner le système de la protection, quand ce système était la source première de la richesse et, par suite, de l'influence que doit toujours conserver la classe gouvernante dans un Etat bien réglé ? Quand on veut les choses, il faut les vouloir fermement, et ne pas s'indigner comme un enfant contre les nécessités qui en dérivent. Une classe politique au pouvoir doit procéder du monopole ; il faut qu'elle cherche chaque jour à consolider sa grandeur et son autorité, sans quoi elle n'a plus de raison d'être. Aussi faisait-elle bien, quoi qu'on en ait dit alors et depuis, de fermer l'oreille à toutes les raisons et à toutes les injures. Elle seule était politique et savait ce qu'elle faisait. Vouliez-vous qu'elle allât donner les mains à ce boute-feu qui avait manqué embraser l'Europe en 1840? Mais qu'eussent dit les électeurs à 200 fr.? Ce sont tous gens d'esprit, je le veux croire, mais ce sont avant tout, en majorité, des gens d'affaires, et pour lesquels la guerre n'a jamais eu de charmes. Il n'aurait pas fait bon leur parler des ardeurs guerrières du peuple, qui, si on leur eût lâché la bride, eussent bientôt tout envahi. Quelle mince figure aurait fait tout à coup cette majorité au milieu du tapage et des fanfares qui sont l'accompagnement obligé de tous les drames militaires?

La majorité avait donc mille bonnes raisons de ne pas accorder ce que l'opposition libérale avait mille bonnes raisons de demander. Malheureusement, il y avait autant de danger à refuser qu'à consentir, et la chute était prochaine, de quelque côté qu'on se tournât. Triste exemple de ces contradictions douloureuses qu'enfantent toutes les institutions politiques qui ne sont pas sorties des entrailles d'une société, qui n'ont pas reçu l'empreinte du génie national. Comme elles sont sans racines dans le passé, elles sont sans espérances dans l'avenir : nées du besoin d'un moment, elles disparaissent avec lui.

Le regrettable M. de Tocqueville avait le pressentiment très accusé de la fin d'un régime qu'il avait aimé et défendu avec ardeur : il suppliait, dans des termes bien touchants, la majorité de se laisser fléchir ou plutôt le pays tout entier de se recueillir : c'était le 28 janvier 1848, un mois à peine avant la catastrophe.

La France, disait-il, avait jeté dans le monde, au milieu du fracas du tonnerre de sa première révolution, des principes qui, depuis, se sont trouvés des principes régénérateurs de toutes les sociétés humaines. Ç'a été sa gloire, c'est la plus précieuse partie d'elle-même. Eh bien, messieurs, ce sont ces principes-là que nos exemples affaiblissent aujourd'hui; l'application que nous semblons en faire nous-mêmes fait que le monde doute d'eux. L'Europe, qui nous regarde, commence à se demander si nous avons eu raison ou tort; elle se demande si, en effet, comme nous l'avons répété tant de fois, nous conduisons les sociétés humaines vers un avenir plus heureux et plus prospère, ou bien si nous les entraînons à votre suite vers les misères morales et la ruine. Voilà, messieurs, ce qui me fait le plus de peine dans le spectacle que nous donnons au monde : non-seulement il nous nuit, mais il nuit à nos principes, il nuit à notre cause, il nuit à cette patrie intellectuelle à laquelle, pour mon compte, comme Français, je tiens plus qu'à cette patrie physique, matérielle, qui est sous mes yeux. Messieurs, si le spectacle que nous donnons produit un tel effet vu de loin, que pensez-vous qu'il produise en France même, dans les classes qui n'ont point de droits, et qui, du sein de l'oisiveté à laquelle nos lois les condamnent, nous regardent seuls agir sur le grand théâtre où nous sommes? Que pensez-vous que soit l'effet que produise sur elles un pareil spectacle? Pour moi, je m'en effraye..... Mais, messieurs, admettons que je me trompe sur les causes du grand mal dont je parlais tout à l'heure; admettons, en effet, que le gouvernement en général, et le cabinet en particulier, n'y est pour rien; admettons cela pour un moment, le mal, messieurs, en est-il moins immense? Ne devons-nous pas à notre pays, à nous-mêmes, de faire les efforts les plus énergiques, les plus persévérants pour le surmonter?

Je vous disais tout à l'heure que ce mal amènerait tôt ou tard, je ne sais comment, je ne sais d'où elles viendront, mais amènerait tôt ou tard les révolutions les plus graves dans ce pays, soyez-en convaincus.

Lorsque j'arrive à rechercher, dans les différents temps, dans les différentes époques, chez les différents peuples, quelle a été la cause efficace qui a amené la ruine des classes qui gouvernaient, je vois bien tel événement, tel homme, telle cause accidentelle ou superficielle. Mais croyez que la cause réelle, la cause efficace, qui fait perdre aux hommes le pouvoir, c'est qu'ils sont devenus indignes de le porter. Songez, messieurs, à l'ancienne monarchie; elle était plus forte que vous, plus forte par son origine; elle s'appuyait mieux que vous sur d'anciens usages, sur de vieilles mœurs, sur d'antiques croyances; elle était plus forte que vous et cependant elle est tombée dans la poussière. Et pourquoi est-elle tombée? Croyez-vous que ce soit par tel accident particulier? Pensez-vous que ce soit le fait de tel homme, le déficit, le serment du Jeu-de-Paume, Lafayette, Mirabeau? Non, messieurs, il y a une cause plus profonde et plus vraie, et cette cause, c'est que la classe qui gouvernait alors était devenue, par son indifférence, par son égoïsme, par ses vices, incapable de gouverner. Voilà la véritable cause. Eh! messieurs, s'il est juste d'avoir cette patriotique préoccupation dans tous les temps, à quel point n'est-il pas plus juste encore de l'avoir dans le nôtre? Est-ce que vous ne ressentez pas, messieurs, par une sorte d'intuition instinctive qui ne peut se discuter, s'analyser peut-être, mais qui est certaine, que le sol tremble de nouveau en France? (Mouvement.) Est-ce que vous n'apercevez pas..... que dirais-je?.... un vent de révolutions qui est dans l'air? Ce vent, on ne sait d'où il naît, d'où il vient, ni, croyez-le bien, qui il enlève; et c'est en de pareils temps que vous restez calmes, en présence de la dégradation des mœurs publiques, car ce mot n'est pas trop fort. Je parle, messieurs, sans amertume; je vous parle, je crois même, sans esprit de parti; j'attaque des hommes contre lesquels je n'ai pas de colère; mais enfin je suis obligé de dire à mes antagonistes et à mon pays ce qui est ma conviction profonde et arrêtée. Eh bien, ma conviction profonde et arrêtée, c'est que les mœurs publiques se dégradent, c'est que la dégradation des mœurs publiques vous amènera, dans un temps court, prochain peut-être, à des révolutions nouvelles..... La tempête est à l'horizon; elle marche sur vous, vous laisserez-vous prévenir par elle? Messieurs, je vous supplie de ne pas le faire, je ne vous le demande pas, je vous en supplie; je me mettrais volontiers à genoux devant vous, tant je crois le danger réel et sérieux !....

Quels tristes accents et quelles prophétiques paroles! Comme on est frappé, en relisant ces lignes, de la bonne foi, de la conviction

profonde qui animait l'orateur; comme cette modération dans la
forme va droit au cœur, et qu'il est difficile enfin de ne pas se rendre à l'évidence; oui, pendant ces dix-huit années sur lesquelles
Dieu me garde d'accueillir tous les dires et toutes les exagérations
de l'opposition, pendant ce temps de liberté politique, la France ne
fut ni aussi heureuse ni aussi considérée dans le monde qu'on eût pu
le souhaiter; une action mal dirigée et mal contenue, fort dangereu-
sement remise à un petit nombre de mains, amena des résultats
bien contraires à ceux qu'on espérait. Les gens intelligents, disait-
on alors, dirigeront seuls la marche du gouvernement, et on éloi-
gnera de l'urne électorale la multitude, qui n'a rien de mieux à
faire, dans son propre intérêt, que de se laisser conduire; de la
sorte, on formera peu à peu l'élément conservateur indispensable
dans tout Etat. Eh bien, on s'est trompé! l'expérience a prouvé que
l'élément conservateur est justement dans les masses, et qu'avec
une collection d'hommes aussi éclairés qu'on les suppose, on n'ar-
rivera jamais qu'à couper le pays en deux; il faudra toujours compter avec les dangers inhérents à une classe privilégiée : la corruption,
le monopole, la recherche passionnée des intérêts matériels, et aussi
avec le reste du pays tout entier, bien inutilement transformé en
adversaire, et en adversaire redoutable, par le refus de le laisser
participer à la vie politique. Ne faisant pas partie de l'association,
il juge avec une extrême sévérité ceux qui parlent, écrivent et agis-
sent pour lui. Le pays se trouve ainsi dans la fâcheuse position de
posséder d'un côté, des acteurs qui font tout et tout pour eux, et de
l'autre, des spectateurs hostiles, occupés seulement à siffler ceux
qui paraissent sur la scène. En vérité, ce n'est pas dans une pareille
combinaison que l'on pouvait rencontrer en France cet ensemble de
vues et cet esprit de suite qui doivent animer tout gouvernement, en
même temps que cet assentiment général des masses, sans lequel
il n'est point de politique viable.

On peut tirer une double conséquence du rapide coup d'œil que
nous venons de jeter sur les libertés indirectes ou politiques accor-
dées par le gouvernement de Juillet. Et d'abord, si nous les com-
parons à celles que l'Empire a consenties, les esprits sérieux trou-
veront sans doute que ce qui manque aujourd'hui à la liberté de la
presse se trouve compensé et au delà, par la transformation du cens
électoral à 200 fr. en suffrage universel, et par la réforme parlementaire inutilement réclamée pendant plus de trente ans et accomplie
aujourd'hui; on n'exagère rien en prétendant que l'apparition dans
le monde du suffrage universel, que sa pratique régulière et incontestée depuis 1852 est un fait capital, d'une importance bien plus
considérable qu'un degré de liberté en plus ou en moins accordé à

l'initiative parlementaire ; c'est un événement qui frappe les yeux les moins clairvoyants, et dont l'effet ne se fait pas sentir seulement à l'intérieur, mais à l'extérieur même, où il émeut les espérances de toutes les nations opprimées, où il peut dénouer pacifiquement, peut-être, cette éternelle et redoutable question des nationalités.

Il est ensuite un enseignement qui ressort avec évidence de ce coup d'œil rétrospectif jeté sur notre histoire contemporaine. Les gouvernements qui naissent sur les barricades semblent contenir un germe de mort plus ou moins prochaine ; la rue est décidément un fâcheux berceau pour un pouvoir. Quand on accepte un trône, à moins que ce ne soit de la main de la nation tout entière, on perd toujours un peu de son indépendance ; l'ivresse du vainqueur, la reconnaissance du chef qui profite de la victoire contribuent à laisser inscrire au contrat qui va lier les deux parties en présence, beaucoup d'articles imprudents, sur lesquels il faudra bien revenir plus tard. Ce seront alors des récriminations, des revendications légales ou factieuses qu'il faudra alternativement subir et repousser. Qui ne se souvient de la liberté de la presse de 1830, et de l'effort si énergique qu'il fallut faire pour la restreindre cinq ans plus tard ? Et les clubs, et les associations, les réunions, les carricatures effrontées ? Tout cela disparut, je le sais, mais que de peines, que d'ennuis, que de malheurs pour s'en débarrasser ! Outre qu'il est plus facile de donner que de reprendre, et plus sage et plus honorable aussi de ne pas leurrer les gens par de belles promesses qu'on ne pourra pas tenir, il vaut mieux enfin concéder peu à peu des libertés nouvelles que de ravir une à une celles qu'on avait imprudemment prodiguées.

En 1852, le Corps législatif avait un rôle plus sérieux qu'on ne le croyait alors, mais peu bruyant et plus effacé que celui des anciennes chambres auxquelles il succédait ; chaque année a vu s'augmenter ses pouvoirs par le fait du gouvernement, à qui on n'a pas eu besoin de forcer la main, et il a repris en peu de temps une influence réelle, aujourd'hui incontestée. Il en est de même de la presse, qui, d'abord sévèrement contenue, a repris, grâce à la tolérance du pouvoir, une influence que ses écarts lui avaient fait perdre et que sa modération seule peut consolider. Ces deux exemples suffisent pour marquer nettement la différence entre ce gouvernement et ceux qui l'ont précédé. La monarchie de Juillet, la Restauration, le premier Empire, la République avaient péri pour avoir exagéré leur propre principe. Le gouvernement actuel a su éviter cet écueil. Issu d'une réaction inévitable contre les violences et les désordres de la rue, il représentait à son origine le principe d'autorité : l'a-t-il accru ou exagéré depuis dix ans ? La réponse est dans les faits accomplis sous nos yeux, et ces faits sont la meilleure garantie pour l'avenir. La marche suivie par ses devanciers menait à l'abîme ; l'Empire a suivi une direction tout opposée.

III

Nous voici arrivés à ce point de notre travail où il nous faut examiner les vœux, les espérances, les nobles aspirations de l'école libérale de 1830, non plus en ce qui regarde les libertés indirectes ou politiques, mais en ce qui touche les libertés directes, celles qui atteignent au but, et ne sont plus seulement un moyen détourné pour y arriver.

La France a toujours eu la bonne fortune d'être le champion de toutes les causes généreuses ; à quelque distance de ses frontières que se commette une iniquité, un attentat contre la justice ou l'humanité, elle tressaille, s'irrite des conseils de la prudence et voudrait s'élancer au secours de la victime. Quand un pays a un tel tempérament, il est impossible de l'enfermer dans le cercle de ses intérêts matériels sans qu'il étouffe ; aussi, doit-on bien prendre garde de froisser ses susceptibilités, et, sans courir les aventures, le pouvoir qui conduit ce peuple doit profiter de toutes les circonstances qui se produisent dans le monde pour donner satisfaction à ses sentiments. C'est bien cette conduite que, à son honneur, l'école libérale de 1830 ne cessa de prêcher depuis les premiers jours du gouvernement parlementaire jusqu'à sa dernière heure ; c'est bien cette conduite que le gouvernement de l'Empereur ne se borne pas seulement à prêcher, mais qu'il a suivie jusque dans ses conséquences les plus graves.

Les questions sérieuses ne sont jamais neuves, et lorsqu'en 1859 on répétait dans certains salons, même officiels, qu'il n'y avait pas de question d'Italie, qu'il n'y aurait jamais de question d'Italie, on pouvait faire illusion à quelques jeunes gens peu au courant des choses de la politique ou flatter quelques passions de commerçant enrichi, tout à coup troublé dans sa quiétude ; mais en vérité, il n'était au pouvoir de personne de rayer de l'histoire les faits les plus connus, et j'ajouterai les plus récents. Que ne relisait-on tous les beaux discours que faisait l'opposition au mois de janvier 1848, alors que le pape Pie IX, entraîné lui-même par le courant libéral, se montrait à la tête du mouvement, et que les Autrichiens menacés massacraient la foule dans les rues de Milan? On se serait convaincu que tous les ingénieux raisonnements inventés par les partisans de la paix à tout prix n'avaient pas même le mérite de la nouveauté, et qu'ils avaient été tenus onze ans plus tôt, dans des circonstances identiques. C'était, disait-on, un piége grossier des révolutionnaires, auquel il ne fallait pas se laisser prendre ; on allait s'exposer à de graves périls, dépenser son sang et son argent pour obliger des ingrats, qui ne valaient pas la peine que l'on s'occupât d'eux, et qui nous tourneraient le dos à la première occasion. A ces discours, l'Empire répondit par d'autres non moins dignes d'être notés, et qu'il n'eut sans doute pas de peine à composer, car on les trouve dans le *Moniteur*, à la date de janvier 1848.

Qui sont donc ces révolutionnaires, disait M. de Lamartine, qui sont donc ces radicaux que le cabinet stigmatise en Italie, et dans cette Chambre, et dans l'autre Chambre, et dans ses dépêches à ses agents dans les différentes cours ? J'affirme ici, par la connaissance qu'une cohabitation personnelle de douze ans ma donnée, par la connaissance que j'ai du caractère, du génie, du libéralisme italien, que le mot même de république n'a pas sa signification dans sa langue, que c'est une injure qui n'est même pas comprise au delà des Alpes. Que le mouvement libéral n'est nullement un mouvement perturbateur, agitateur, radical, révolutionnaire, comme vous voulez le faire croire à votre pays et au monde, pour autoriser votre connivence et votre inertie, mais que c'est un mouvement de l'esprit humain et de l'indépendance des peuples, mouvement qui couve dans tous les siècles au cœur de l'Italie, mouvement qui, depuis que la Révolution française a été proclamée, a soulevé trois fois, mais toujours dans la limite de la fidélité aux princes, les pays dans lesquels existait la volonté des institutions libérales. Vous pouvez en juger par les noms des chefs du mouvement : tous les princes du clergé ou de la haute aristocratie, tous les chefs du mouvement intellectuel et moral de l'Italie, depuis ses prédicateurs, comme le P. Ventura, jusqu'aux grands noms qui ont occupé autrefois les premières places dans la démagogie mémorable de Gênes et des autres Etats de l'Italie ; depuis les Capponi, de Florence, jusqu'aux Doria, de Gênes ; depuis les Monteleone, de Sicile, jusqu'aux Borromeo, de Milan, et, oserai-je le dire? jusqu'aux Mastaï.

Non, ce n'étaient pas des révolutionnaires dans le sens étroit et stérile que l'on donne à ce mot, détourné ainsi de sa véritable signification. Etaient-ce donc de ces alliés qu'on n'avait aucun intérêt politique à défendre, qu'il nous était loisible de laisser périr sans dommage pour nous? C'est encore M. de Lamartine qui se charge de répondre à cette question :

Enfin, messieurs, j'arrive à une dernière considération, et je demande à M. Guizot : Est-ce une imprévoyance politique? Vous qui avez depuis si si longtemps manié entre vos mains le poids de l'équilibre du monde, vous qui avez dû réfléchir si profondément sur l'influence de ces 26 millions d'hommes établis à cette extrémité de l'Europe, à vos portes, sans

aucune possibilité de conflit avec vous, avec toutes les possibilités, toutes
les réalités de sympathie, d'affinité mutuelle, n'avez-vous jamais pensé au
sort que vous faites à votre pays, à la .puissance que vous lui refusez en
refoulant dans l'oppression, dans le découragement et dans la mort ces
races dont les sympathies valaient pour la France des armées, des traités,
car les traités ne sont signés que par la main des hommes. Mais ces sympathies entre les peuples faits pour s'aimer, pour se soutenir, pour as-
pirer ensemble à la civilisation et à la liberté, ce ne sont pas des traités
d'un jour, ce ne sont pas des traités signés par des diplomates, ce sont
des traités préparés par la volonté de la Providence et contre-signés par
la main de la nature elle-même.

C'était donc un peuple que nous allions défendre, un peuple réellement opprimé, dont l'alliance ne pouvait être que profitable à notre
pays ; c'était enfin un premier pas de fait dans cette difficile question des nationalités, que nous n'avons pas plus inventée que les
autres, et qui préoccupait à bon droit, dès cette époque, tous les esprits libéraux. Feuilletez de nouveau le *Moniteur* (1er février 1848),
et vous y lirez ces paroles de l'honorable M. Carnot :

Mais, dites-vous encore, les vœux de la nationalité italienne s'étendent
à des remaniements de territoire qui seraient la violation des traités de
1815. Encore une fois, je ne veux rien éluder; que les Italiens étendent
leurs vœux de nationalité à toutes les provinces qui parlent la même
langue, qui vivent de la même vie, est-ce nous qui les blâmerons? Est-ce à
nous à dire aux Italiens du Nord : « En dépit de votre langue, de vos
mœurs, de votre histoire, vous êtes Allemands, puisque des diplomates
l'ont écrit. » Ne craignons pas de dire bien hautement, bien franchement
notre pensée : quand le Moscovite montrerait, à l'égard des Polonais, autant de clémence et de justice qu'il montre de barbarie, cela ne nous empêcherait pas de désirer une Pologne indépendante; quand l'Autrichien
se montrerait, en Lombardie, aussi partisan des lumières et de la liberté
qu'il s'en montre ennemi, cela ne nous empêcherait pas de désirer que la
Lombardie rentrât dans l'association italienne. Il y a là des questions de
nationalité qui, pour moi, dominent toutes les autres. L'un de ces vœux
peut être conforme aux traités de 1815, l'autre peut leur être contraire,
c'est ce qui m'importe peu ; tous deux sont d'accord avec le droit des nations, qui passe avant les traités de 1815. Est-ce donc à la France, muti-
lée comme l'Italie par ces funestes traités, de se transformer en gendarme
de la Sainte-Alliance pour les faire respecter? Je n'ai jamais entendu dire
que l'on chargeât un prisonnier de river les fers à ses compagnons de
captivité. Si c'est là votre nouveau droit public, nous vous laissons le mérite de l'invention.

Puis-je enfin ne pas citer M. Thiers, auquel il faut que je demande
pardon de me servir aussi souvent de son nom ; mais comment s'y
prendre pour l'oublier, puisque ses doctrines, ses vœux, ses aspira-

tions politiques, se trouvent toujours en si parfaite sympathie, non avec la conduite du gouvernement qu'il combattait, mais avec celle du gouvernement auquel il vient de prêter serment? On ne rencontre pas souvent de tels auxiliaires ; il faut donc nous excuser de les appeler à notre aide. Je voudrais tout citer, m'emparer et faire mon profit, en même temps que celui du lecteur, de tout ce discours, rempli de vues si hautes, si véritablement politiques, sur la révolution et la contre-révolution, sur l'équilibre non-seulement matériel, mais moral, qui doit exister entre les différents Etats de l Europe ; mais il faut se borner.

Quel rapport, disait-il, doit exister entre les deux portions du monde ? Toutes les fois qu'un gouvernement absolu cesse en Europe, toutes les fois qu'il naît une liberté, la France est délivrée d'un ennemi, et elle gagne un ami..... Est-ce une raison pour que nous allions violemment, clandestinement porter la liberté à des pays qui ne l'ont pas? Non, messieurs, porter la liberté où elle n'est pas, par nos baïonnettes, est un acte de violence; la porter d'une autre manière, par ce qu'on appelle la propagande, est une perfidie. Mais, messieurs, nous avons été justes pour les autres, sachons à notre tour être justes pour nous-mêmes : quand la liberté se sera développée quelque part naturellement, légitimement, sans aucune intervention étrangère, sans aucune complicité de notre part, que d'avoir produit autrefois Montesquieu, Voltaire, Pascal, Descartes, les sublimes agitateurs de la pensée humaine ; sans autre complicité que d'avoir, au 14 juillet, pris la Bastille, que d'avoir, en 1830, renversé un gouvernement violateur des lois, quand la liberté se développera ainsi quelque part naturellement, légitimement, sans autre complicité que cette noble complicité, elle est sacrée, messieurs, elle est sacrée comme l'enfant qui vient de naître ; y toucher serait un attentat contre la nature et contre la liberté !.....

Qu'existe-t-il dans cette contrée? Des peuples très vifs, indignement opprimés, qui supportent une législation dont vous auriez horreur, qui supportent une justice qu'on vend, qu'on achète, et qui, quelquefois ont été jugés par des bourreaux. Ils supportent tout cela, et ils sont naturellement impatients ; ils demandent à sortir de ce régime ; aucun peuple intelligent, et celui-là est le plus intelligent de la terre, ne le supporterait.....

Maintenant, la politique que vous abandonnez, je voudrais que l'opposition fût assez puissante pour la recueillir, non pas en se plaçant où vous êtes, mais en lui donnant l'autorité morale nécessaire pour être écoutée des Italiens, et si ma voix pouvait aller jusqu'à eux, je leur dirais : Italiens, soyez unis ; aujourd'hui en Italie, l'autel de la patrie, c'est l'autel de la concorde. Déposez sur cet autel, vous, Princes, toutes les portions de votre pouvoir qui ne sont pas nécessaires pour maintenir l'ordre de la société ; vous, peuples, déposez sur le même autel toutes les exigences intempestives, prématurées, fussent-elles justes, et quand vous vous serez entendus de peuples à princes, entendez-vous d'Etats à Etats ; que toutes

les populations qui s'étendent de Turin à Florence, à Naples, à Palerme,
forment un seul tout, et qu'elles se présentent à l'ennemi commun, ayant
à leur tête Pie IX, avec les clefs de saint Pierre à la main ; et Charles-
Albert avec la vieille épée des ducs de Savoie : dans cette attitude, vous
serez respectés, mais s'il pouvait en être autrement, si l'on voulait attenter
à vos droits et à votre indépendance, croyez-le bien, le cœur de la
France n'est pas glacé ! Oui, la France est vieille de gloire, mais elle est
jeune de cœur ; et si elle reconnaissait clairement quelque part la liberté et
l'indépendance de l'Europe menacées, vous ne la trouveriez pas dégénérée, car elle n'est dégénérée que dans l'opinion de ceux qui la croient
faite à leur image !

S'il est certain que l'école libérale de 1830 professa dans la question
d'Italie les sentiments qui animèrent le gouvernement de l'Empereur douze ans plus tard, on peut affirmer qu'il en fut de même quant
à la question d'Orient. En 1839, l'homme malade avait paru plus
mal portant que jamais, et comme l'Europe entière a l'œil fixé sur
cette partie de notre continent, comme il importe à chacun des grands
Etats de ne pas se laisser devancer par ses voisins dans le partage
présumé de cet empire, tous les esprits s'enflammèrent, et la France,
que l'on sait fort chatouilleuse sur le rôle qu'on entend lui faire jouer
à l'extérieur, se montra pleine d'ardeur, d'impatience même. Dans
les journaux, à la tribune, dans toutes les réunions, c'était un thème
favori dont les lecteurs et les auditeurs ne paraissaient pas pouvoir
se lasser. Il y avait la question de Constantinople et celle d'Alexan-
drie, c'est-à-dire, d'une part, le démembrement possible de l'empire
ottoman, de l'autre, une affaire d'influence à conserver, à augmenter
s'il était possible en ne permettant à personne de toucher à la situation
du pacha d'Egypte, notre allié et notre protégé. La crainte manifestée
bruyamment par l'opposition, de ne pas trouver le gouvernement
d'alors aussi actif, aussi résolu qu'elle l'aurait souhaité, donnait au
sentiment national quelque chose d'irritable, qui ne dut pas contri-
buer à rendre faciles les négociations dès lors entamées. Le Parlement,
la majorité, par l'organe de son rapporteur (**M.** Jouffroy, 13 juillet 1839), trahissaient toutes les espérances, toutes les ardeurs que
ressentait le public.

Cette grande question et ce grand débat, disait-il, imposent au cabinet
une immense responsabilité. En recevant de la Chambre les dix millions
qu'il est venu lui demander, il a contracté un solennel engagement. Cet
engagement, c'est de faire remplir à la France, dans les événements
d'Orient, un rôle digne d'elle, un rôle qui ne la laisse pas tomber du rang
élevé qu'elle occupe en Europe ; c'est là, messieurs, une tâche grande et
difficile, le cabinet doit en sentir toute l'étendue et tout le poids ; il est
récemment formé ; il n'a pas encore fait de ces actes qui consacrent une

administration, mais la Fortune lui jette entre les mains une affaire si considérable, que, s'il gouverne comme il convient à la France, il sera, nous osons le dire, le plus glorieux cabinet qui ait géré les affaires de la nation depuis 1830.

Mais le cabinet ne fut pas glorieux; celui qui le suivit n'eut pas le temps de l'être, et celui qui vint ensuite termina cette affaire si « considérable, » et dont on se promettait tant de gloire par un sacrifice d'amour-propre raisonnable, sans doute, mais aussi fâcheux que possible. Il serait cruel d'insister sur cet accablant échec de la politique parlementaire ; nous ne pouvons pas pourtant nous empêcher de rappeler que la France en ressentit une amertume, une colère, qui devaient être fatales à ce régime. Nous trouvons ces sentiments constatés dans tous les écrits du temps ; mais nous aimons mieux en recueillir l'expression dans un livre publié à dix ans de distance par un homme politique distingué, dont l'impartialité ne saurait être suspecte, puisqu'il soutient une thèse absolument contraire à la nôtre :

Le traité du 15 juillet 1840 a surtout tiré son importance de ce qu'il a été conclu sans l'adhésion de la France, à l'insu de la France, et, en réalité, contre la France ; la forme en cette occasion fut, s'il est possible, aussi blessante que le fond. Des troubles insignifiants survenus en Syrie, auxquels il ne parut pas que les agents de lord Palmerston aient été étrangers, servirent de prétexte à la brusque signature d'une convention dont les clauses principales étaient arrêtées à l'avance entre les vrais négociateurs, c'est-à-dire entre les cabinets de Londres et de Saint-Pétersbourg ; l'ardeur mise à entraîner la Prusse, à arracher presque de haute lutte l'adhésion de la cour de Vienne, le soin pris de nous tenir à l'écart des dernières délibérations, démontrent combien celui qui avait de longue main préparé ce dénouement avait hâte d'en finir, de peur qu'au dernier moment le fruit de tant de longues menées ne lui fût enlevé par une soudaine transaction.....

Ainsi, pour la simple différence entre deux propositions aussi voisines, afin de rendre de si minces possessions au souverain qui n'avait jamais su les gouverner, qui les livra de nouveau à l'anarchie après les avoir recouvrées, les puissances compromirent sciemment la paix du monde. L'objet du dissentiment était, à vrai dire, moins grand que les passions qu'il mettait au jour. Pour que ces passions obtinssent leur satisfaction, un arrangement conforme au but apparent du traité ne suffisait pas. Ne fallait-il pas qu'il fût imposé de vive force au pacha ? Ne fallait-il pas avant tout un échec et une humiliation pour la France ? Le ressentiment que causa à Paris l'annonce des mesures coërcitives adoptées par les cours étrangères fut légitime, l'expression en fut amère et peut-être excessive [1].....

____

[1] M. d'Haussonville, *de la Politique extérieure de la France* (1850).

Nous ne voulons pas insister sur une époque où, de l'aveu de tous, notre situation fut fâcheuse. Gouverné par un parlement, par un empereur ou par un président de république, notre pays nous est toujours également cher, et c'est avec un sentiment de tristesse que nous le voyons, ne fût-ce que quelques instants, dans une position qui ne convient ni à son rang ni à son juste orgueil. Je m'arrêterais donc bien volontiers, car il n'est pas besoin d'insister plus longuement pour prouver que l'opposition de 1839 voulait ce qu'a voulu le gouvernement de l'Empereur ; mais cette question d'Orient, alors malheureuse pour nous, n'était pas près de finir. Après avoir été exclus du concert des puissances européennes, nous dûmes songer à y rentrer ; l'auteur estimable que nous venons de citer s'étend avec une complaisance toute naturelle sur l'attitude du cabinet du 29 octobre à cette époque ; il prouve de la manière la plus évidente, et avec pièces à l'appui, que la France, loin de s'être hâtée pour rentrer en grâce, comme on disait alors, s'est montrée pleine de dignité et de réserve, que c'est avec une lenteur calculée, après avoir lassé et fatigué la patience des cabinets, aussi ardents à nous redemander qu'ils l'avaient été à nous exclure, que M. Guizot se décida à signer le traité du 13 juillet 1841. Nous le croyons sans peine, l'opposition a pu se tromper, ce n'est pas la première fois que cela lui arrive ; elle était encore sous le coup des passions qui l'avaient agitée, des ressentiments qu'elle avait éprouvés ; mais, en vérité, les ressentiments étaient-ils donc si déplacés, et la victoire remportée par le ministère si digne d'éloges ? Comment un esprit aussi juste que M. d'Haussonville n'attache-t-il pas plus d'importance à une pensée qu'il exprime lui-même dans une autre partie de son livre. L'important pour les cabinets européens, c'était l'échec et l'humiliation de la France, mais il leur était non moins nécessaire de ne pas conserver contre eux une France hostile ; c'était un intérêt de premier ordre, bien autrement important que la satisfaction morale qu'ils s'étaient procurée un an auparavant ; la France hostile, c'est le trouble et le malaise certains dans toute l'Europe, c'est la guerre prochaine et générale ; que les cabinets aient donc voulu, et voulu fermement, faire rentrer notre pays dans le concert européen, ce n'est un mystère pour personne ; mais, alors, comment faire un si grand mérite, à l'éminent homme d'Etat qui dirigeait les affaires, d'avoir conclu un traité qui entrait si fort dans les vues de ses adversaires ? Son mérite ne se trouve-t-il pas un peu amoindri par cette communauté de vues qui devait aplanir bien des difficultés ? C'est ainsi qu'en jugeait l'opposition, et c'est ce qu'elle déclarait par la voix de son organe le plus éloquent, M. Thiers. Voici les paroles de l'illustre orateur ; elles sont comme le dernier mot sur la question d'Orient, telle qu'elle avait été conduite par le gouvernement de Juillet :

J'entends dire à un député, bon juge apparemment, qu'on a eu raison de nier nos intérêts en Orient ; eh bien, moi, je dis qu'on a eu tort. Un ministre étranger, meilleur juge que nous-mêmes de nos intérêts, disait cet été à l'ambassadeur de France : nous vóyons bien au fond quelle est la politique de la France dans la question d'Orient : cette politique ne saurait être la nôtre. La France possède le Nord de l'Afrique, elle y a une armée de 70,000 hommes, tout près d'elle se trouvent le pacha de Tunis et le pacha de Tripoli, qu'est-ce ? Presque rien ; de malheureux princes musulmans qui tremblent devant la France, mais un peu au delà il y a le pacha d'Égypte, qui possède la mer Rouge et l'Euphrate. Ainsi, directement par le Nord de l'Afrique, indirectement par son alliance avec le pacha d'Égypte, la France domine depuis l'entrée de la Méditerranée et du détroit de Gibraltar jusqu'à la mer Rouge et à l'Euphrate ; cela ne peut. nous convenir.

Voilà ce que disait, il y a quelques mois, un ministre étranger parlant à un ambassadeur de France, et assurément, vous m'accorderez bien que ces deux personnages n'auraient pas échangé entre eux des idées puériles.

Ainsi, à l'étranger, nos intérêts en Orient étaient appréciés comme des intérêts considérables.

J'avouerai cependant qu'avant de risquer le sort de la France sur cette question, j'éprouvais une grande anxiété, je ne l'ai jamais nié, mais outre les graves intérêts que je viens d'indiquer, il y avait l'honneur ; car la France avait dit trois fois depuis vingt ans ce qu'elle voulait, et déjà deux fois elle avait cédé ; céder une troisième, c'était cruel.....

Je l'ai déjà dit : la première conduite, c'eût été la guerre immédiate pour nos intérêts en Orient, je ne l'admettais pas : — la seconde conduite, et bien modérée, assurément, permettez-moi de le dire, c'était d'obtenir au moins que le pacha restât souverain de l'Égypte ; j'ajoute, toujours souverain vassal : c'était la note du 8 octobre, c'est pour cela que nous voulions armer, armer sérieusement ; vous n'avez pas même obtenu cela, le pacha n'est plus roi, vous le savez comme moi. — Mais restait une troisième conduite, c'était celle qui était indiquée, celle sur laquelle nous avions droit de compter, celle qui fait que nous payons un budget de 1,316,000,000, c'était la paix armée ; c'était que la France restât en dehors de la question d'Orient. — Eh bien, je le déclare franchement, je ne veux pas vous blesser, Dieu m'en préserve, mais je veux vous dire la vérité ; je n'espérais pas beaucoup de votre politique, car un ministre qui, sur cette question, qui est la seule qu'il y ait en ce moment dans le monde, commence par dire : Je n'irai pas jusqu'à la guerre ! je savais bien qu'un cabinet qui commence ainsi ne pouvait aboutir que là où vous avez abouti : je n'attendais rien de vous, je le dis franchement, eh bien, vous avez dépassé mon attente....., et il n'y a pas de quoi vous vanter.....

Une grande négociation s'est faite sans vous et contre vous : nous vous demandions d'y rester étranger jusqu'au bout, nous vous demandions d'avoir au moins la dignité de ne pas venir, par votre assentiment, par un acte quelconque de votre part, par une participation quelque légère qu'elle fût, réaliser vous-mêmes ce que vous aviez entrevu sur le visage ironique du ministre d'Angleterre, c'est qu'après un peu d'humeur, la France finirait par se rendre et par se déclarer contente.

On n'attend pas de nous, sans doute, que nous mettions en lumière cette tendance constante de l'opposition, dans les nombreuses questions qui ont été soulevées à cette époque ; pourquoi fatiguer inutilement le lecteur, en lui remettant sous les yeux l'historique entier de la question du Mexique, telle qu'elle se présenta aux chambres en 1839. Nous pourrions bien lui montrer le rapport de l'honorable M. Lacrosse, lui faire voir qu'on se plaignait amèrement, dès cette époque, des insultes répétées faites à nos nationaux et du châtiment bien insuffisant infligé à nos ennemis par le bombardement stérile de Saint-Jean d'Ulloa ; il nous serait tout aussi facile de raconter la promenade diplomatique de M. de Lagrenée et de lui opposer la prise de Pékin ; mais à quoi bon ? Le caractère de la politique de l'opposition n'est-il pas suffisamment précisé ? Dès que l'on consent à interroger tous ces souvenirs du passé, on y reconnaît à chaque pas, on y lit avec évidence à chaque page que l'on tourne, les sentiments instinctifs du pays. On le voit, renonçant sans doute à juger les détails de chaque affaire, mais poussant de toutes ses forces le gouvernement dans les voies libérales, et rongeant son frein avec impatience à chaque occasion qui lui paraît manquée de reprendre en Europe une place et un rôle dignes de lui. Tout naturellement, l'opposition se fit l'organe de ces aspirations vers une politique plus grande et plus glorieuse, et ce sera déjà pour elle un honneur dans l'histoire d'avoir soupiré après les conquêtes que l'Empire a faites, de n'avoir pas laissé prescrire par le silence les droits que la nation française tient de son courage, de son humanité et de son désintéressement, et d'avoir enfin répété aux peuples opprimés et malheureux qu'un jour viendrait où la France, reprenant vis-à-vis d'eux son rôle séculaire, volerait de nouveau à leur secours.

Oui, ces temps sont bien passés, et passés sans retour, j'espère, où toutes les âmes chevaleresques et jeunes suppliaient le gouvernement de prendre en Europe cette allure calme, fière, hardie, qui convient à toutes les grandes nations, mais qui plaît particulièrement à la nôtre. Aujourd'hui, l'opposition, désertant son rôle favori, ne serait pas éloignée de tenir un tout autre langage. Dieu en soit loué ! les oppositions qui n'ont d'autres reproches que ceux-là à faire au gouvernement peuvent être utiles et ne sont jamais dangereuses. A vrai dire, on est si loin de redouter la mollesse du gouvernement, que,

pour un peu, certains conservateurs, fort intelligents du reste, se ré-
crieraient contre cet esprit d'entreprise qui trouve toujours quelque
question à résoudre dans les coins les plus reculés de la terre, quelques malheureux à secourir, auxquels jusqu'alors personne n'avait
songé. Ces gens d'esprit se demandent parfois avec un certain éton-
nement s'il n'y aurait pas moyen d'être heureux sans prendre tant de
peine, et pourquoi tous ces gens qu'ils ne connaissent pas persistent
à implorer le secours de la France, comme s'ils n'étaient pas capables
de faire eux-mêmes leurs affaires. Il est fâcheux, je l'accorde, d'être
troublé dans une lecture attrayante par le bruit des tambours; la
quiétude d'une vie agréablement studieuse s'accommode mal du
fracas des armes. Que ces aimables satisfaits me permettent de le
leur dire, ce sont précisément ces affreux tambours avec l'accompagnement ordinaire du canon, qui leur ont ménagé ces loisirs dont ils
se plaignent de ne pas jouir tranquillement. Une guerre, pourvu qu'elle
soit juste, honorable, faite à propos, n'a jamais nui à la tranquillité
intérieure du pays; tout le monde en France d'ailleurs ne possède pas
cette charmante insouciance; il y a encore des gens d'une sensibilité
ridicule, qui s'émeuvent au récit des malheurs qu'on leur raconte, qui
poussent la niaiserie jusqu'à faire de véritables sacrifices en faveur
des gens qu'ils n'ont jamais vus et qu'ils ne verront jamais; qui se
passionnent comme des enfants pour cette légère fumée qui s'appelle
la gloire. Oui, il y en a encore de cette trempe dans notre pays, et
j'ajouterai même qu'ils sont si nombreux, qu'il y a tout intérêt à les
satisfaire. Une triste expérience nous a appris qu'à défaut de satisfaction de cette nature, ces cœurs sensibles, ces don Quichotte plé-
béiens se tranforment tout à coup en tapageurs de la pire espèce, en
casseurs de vitres, en faiseurs de barricades, et bientôt après en
héros de révolutions; en vérité, il faut en prendre bravement son
parti, et subir la gloire pour échapper à l'émeute.

Nous venons de dire le rôle de l'opposition de 1830 dans les questions de liberté politique ou indirecte; nous avons essayé en même
temps de caractériser ses tendances à l'extérieur; il nous resterait à
parler de son attitude dans la question de liberté directe à l'intérieur, mais le sujet est assez important pour obtenir une étude spé-
ciale; aujourd'hui, nous nous bornerons à quelques mots qui ré-
sument notre pensée.

L'opposition de 1830 proclama des principes justes pour la plu-
part, se fit l'organe des sentiments populaires les plus dignes d'être
exaucés, et, malgré quelques erreurs de conduite inévitables, elle
a droit à des éloges pour ses tendances et le but élevé qu'elle se
proposait d'atteindre. Quand elle s'efforçait d'élargir le système électoral, soit par l'abaissement du cens, soit par l'adjonction des capa-

cités, quand elle voulait modifier la majorité de la Chambre en
excluant les fonctionnaires publics, elle n'allait pas assez loin sans
doute pour obtenir gain de cause sur les points les plus essentiels de
sa politique ; on eût exaucé ses vœux qu'elle n'eût pas réussi proba-
blement à faire pénétrer dans cette Chambre le sens et l'intelligence
des vœux populaires ; mais ce premier succès l'eût menée à un autre,
et la seconde réforme, on peut le croire, eût été plus féconde en résultats. Quoi qu'il en soit, le but que se proposait l'école libérale n'est
pas moins digne d'éloges : mais où elle se trompait grandement,
c'était sur les moyens de l'atteindre. Quand elle cherchait à augmenter la puissance constitutionnelle de la Chambre des députés, quand
elle s'efforçait de concentrer tous les pouvoirs de la nation dans cette
représentation fort incomplète du pays, elle donnait des forces à son
ennemi le plus sérieux, à celui qui ne comprendrait et n'admettrait
jamais la politique qu'elle voulait faire prévaloir. C'était le roi
qu'il fallait entourer, caresser, grandir ; le chef de l'Etat seul, en
France, est en position de prendre en mains les vœux des masses et
de les exaucer. La Chambre d'alors, par sa composition, par la nature
de ses électeurs, par son tempérament bourgeois, était au fond en hos-
tilité nécessaire avec le prince, représentant unique de toutes les
classes de la nation : c'est à lui qu'il fallait courir ! Mais ce souverain
était, disait-on, la négation la plus absolue de ces tendances libérales
à l'extérieur si inutilement prônées par l'opposition ! Mais ses fils, ces
vaillants jeunes gens, s'étaient attiré de dures réprimandes pour avoir
voulu s'engager dans cette voie ! Qu'en sait-on et qu'importe du
reste ? Le roi ne se serait-il pas rappelé le rôle que le chef de l'Etat a
joué en France à toutes les époques de son histoire ? se fût-il tenu
dans la même réserve timide s'il avait pu s'appuyer sur une partie
de la députation, dont la popularité eût rejailli jusque sur le trône ?
Mais l'attitude de l'opposition ne permettait pas au prince de chercher
des auxiliaires de ce côté, et nous aurions peine à comprendre qu'il
ne se fût pas renfermé dans le rôle étroit et stérile de serviteur fidèle
d'une Chambre toute-puissante, après avoir été isolé, dépouillé de
toute prérogative sérieuse, aussi bien par la majorité que par l'opposition.

Mais c'est s'attarder trop longtemps sur une critique de détail.
Toutes les tendances de l'école libérale de 1830 nous sont sympa-
thiques ; elle a voulu et recherché ce que l'Empire a recherché et
voulu ; le but qu'il a poursuivi, elle l'avait indiqué ; elle nous montra
la route et nous y sommes entrés ; elle parla, et nous avons agi.

Paris. — Imprimerie de Dubuisson et Cᵉ, rue Coq-Héron, 5.

9 782013 026475